To: _____

From: _____

Dedicated to my saintly mother
Marga Claire Nordman.

Special thanks and appreciation to Victoria Nordman for her insight and discernment in editing this unique topic. Her tender heart adds such value to the text. I will be forever grateful for her help and loving support.

Thank you to Father Louis for sharing the idea of the candle's flame, light, and heat.

Scripture quotations are from the Revised Standard Version of the Bible, copyright © 1946, 1952, and 1971 National Council of the Churches of Christ in the United States of America. Used by permission. All rights reserved worldwide.

© 2019 by Michael Nordman, All rights reserved.

Published by Michael Nordman

ISBN-13: 978-0-9998933-7-1

What Is the Holy Trinity

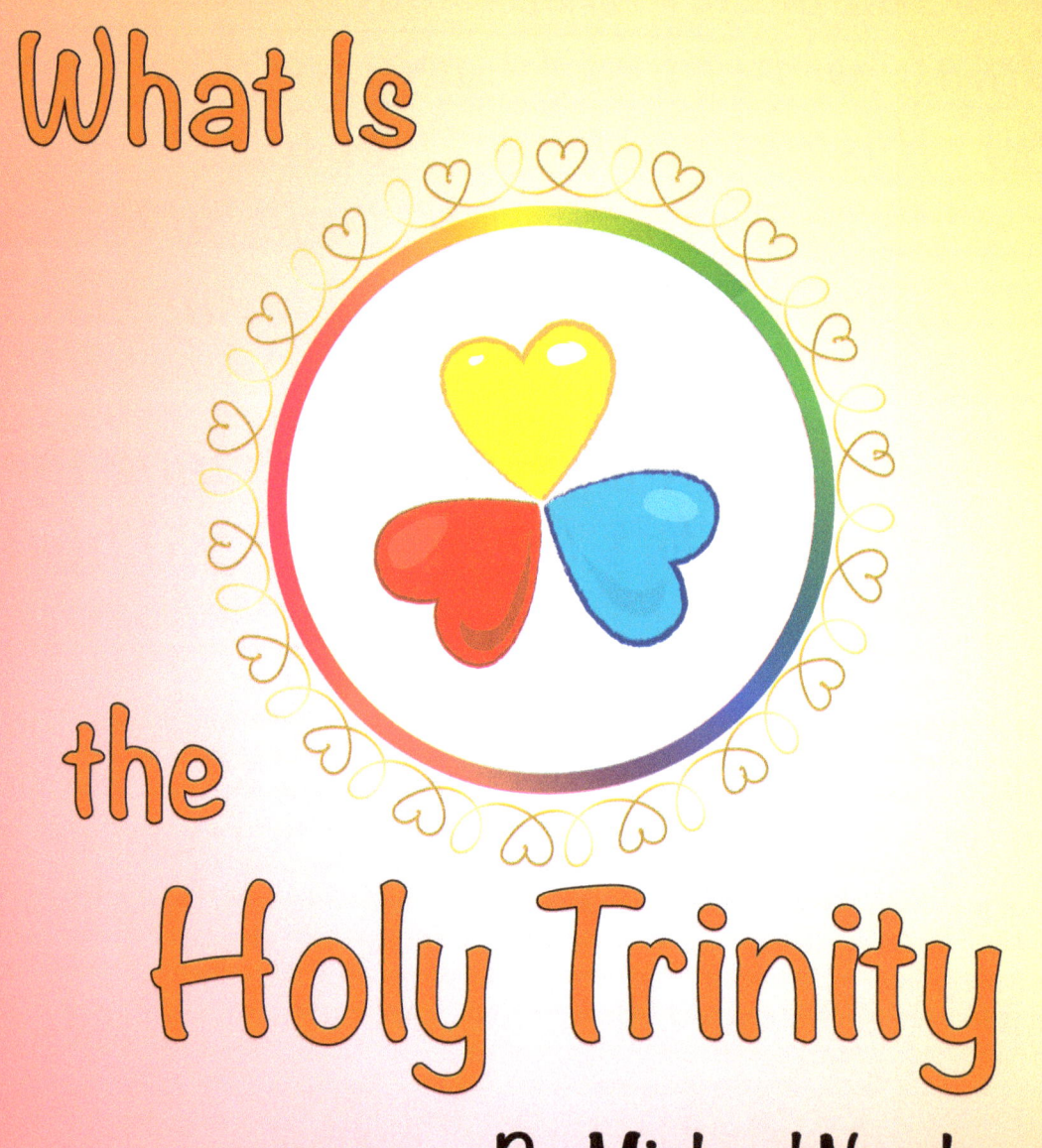

By Michael Nordman

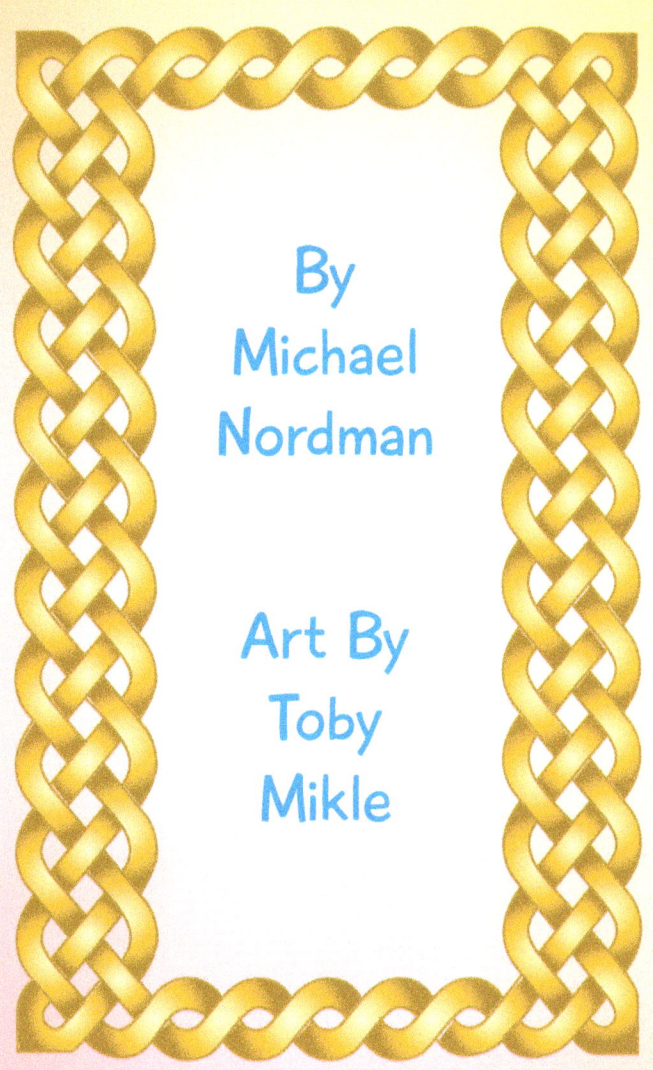

By
Michael
Nordman

Art By
Toby
Mikle

God is love

God is a very special being.

God is greater than any other being because he created everything.

We can understand a lot about the Father, the Son, and the Holy Spirit from what the Bible tells us.

Learning about something this great can be fun and very rewarding.

The Father is God Almighty maker of heaven and earth.

Jesus is the only begotten Son of God.

The Bible tells us that there is only one God.

If the Father is God, Jesus is God, and the Holy Spirit is God, how can this be?

Jesus said "I and the Father are one".
John 10:30 RSV

figure 1

figure 2

figure 3

Jesus is one person and the Father is one person.
They are not the same person.
How can they be one?
What does being one mean?

The Father and the Son share the same substance as one being. They are two different persons sharing the same being as God. This is how they are one.

It is the same way with the Holy Spirit. He is another person sharing the same substance with the Father and the Son. God is one being with three persons.

When we say "**substance**" it is not meant in the normal physical sense.

The word "**substance**" is used in a special way, to explain the invisible existence of God.

The fact that God is three persons in one being is not difficult to see.

Understanding how God is three persons in one being is where the mystery can be found.

God is wonderfully unique.
God is love.

The Father, the Son, and the Holy Spirit are in each other. They are one with each other and they can talk to each other like one person would talk to another.

We use examples of physical things to help us understand spiritual things, like the nature of God.

Each example we use is like a piece of a puzzle. Each piece gives us more of the big picture.

A candle gives us an example of the Blessed Trinity. There is the flame, the light, and the heat.

Jesus, the light, came out from the Father who is the flame. The Holy Spirit, who is the heat, goes out from the Father and the Son.

Another example would be the shamrock or three leaf clover. Each leaf would represent a person of the Holy Trinity even though they are all the same plant.

Just like the Father, the Son, and the Holy Spirit are one God.

If you look at an egg you can see that there is the shell, the yoke, and the white. All three are the same egg.

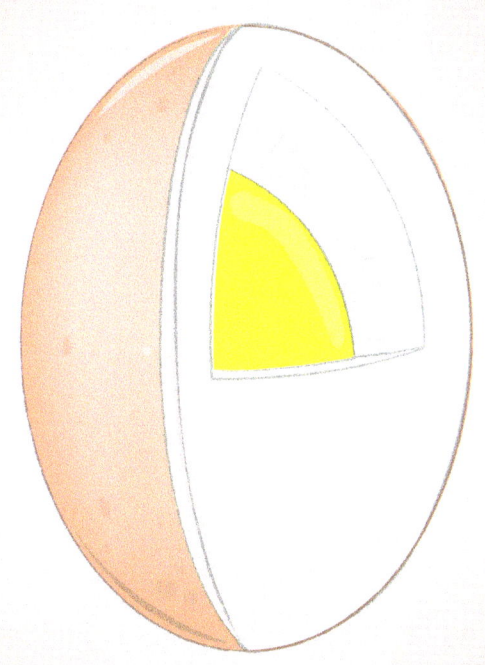

When we look at the example of an egg it represents how there are three persons in one God.

The Father, the Son, and the Holy Spirit are not three Gods.

God is not one person appearing as the Father, the Son, or the Holy Spirit.

The Father is not the Son, the Son is not the Holy Spirit, and the Holy Spirit is not the Father.

The Father, the Son, and the Holy Spirit are actually three persons in one God.

A good understanding of the Trinity will help you better understand what the Bible teaches.

It can keep you from misunderstanding who our beautiful, wonderful, glorious God is.

When Jesus was in heaven with the Father and the Holy Spirit, before he was born in Bethlehem, he was with God in the form of God. He was called the Word of God and he was God.

Jesus is not the Father or the Holy Spirit, he is the Son. He is one substance with God, he shares the same invisible existence, or the same being with God.

Before he came to earth, while still in heaven, Jesus had his own will and he could make decisions.

Jesus agreed with the Father's will to go to the Earth to become a man, so he could go to the cross to save us.

Jesus came from heaven and was
born through the Virgin Mary.

This is called the Incarnation.
God is his Father and Mary is his mother.

Jesus lived a perfect life
and never sinned.

He gave himself to be crucified on the cross
to pay for our sins, because he loved us so
much and he knew it was the only way
we could be saved.

Now, because of what Jesus did on the cross the Father could send the Holy Spirit to live in people. Jesus said;

"If a man loves me, he will keep my word, and my Father will love him, and we will come to him and make our home with him."

John 14:23 RSV

The Father is in the Son. The way the Father and the Son come to live in you is through the Holy Spirit.

The Father, the Son, and the Holy Spirit are all a part of each other, they are one. When the Holy Spirit is in you, so are the Father and the Son.

As we grow in faith the Holy Spirit will teach us, give us a deeper understanding of this truth, and many other wonderful truths which may seem difficult at first.

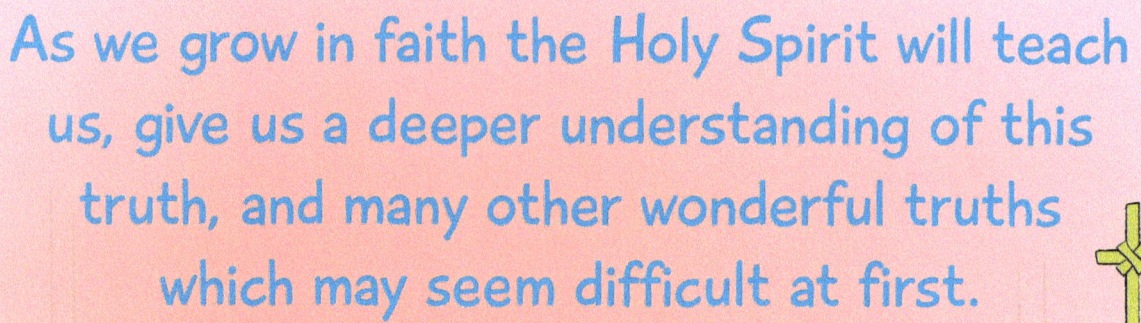

As we pray and read the Bible untold treasures will be revealed to us.

Understanding of other mysteries will unfold as we contemplate the Holy Trinity.

Things like Christ living in our hearts by faith and our relationship with God will no longer be a mystery. We will realize that our purpose and destiny is in Christ.

When people get baptized, they are baptized with the words of our Lord Jesus Christ;

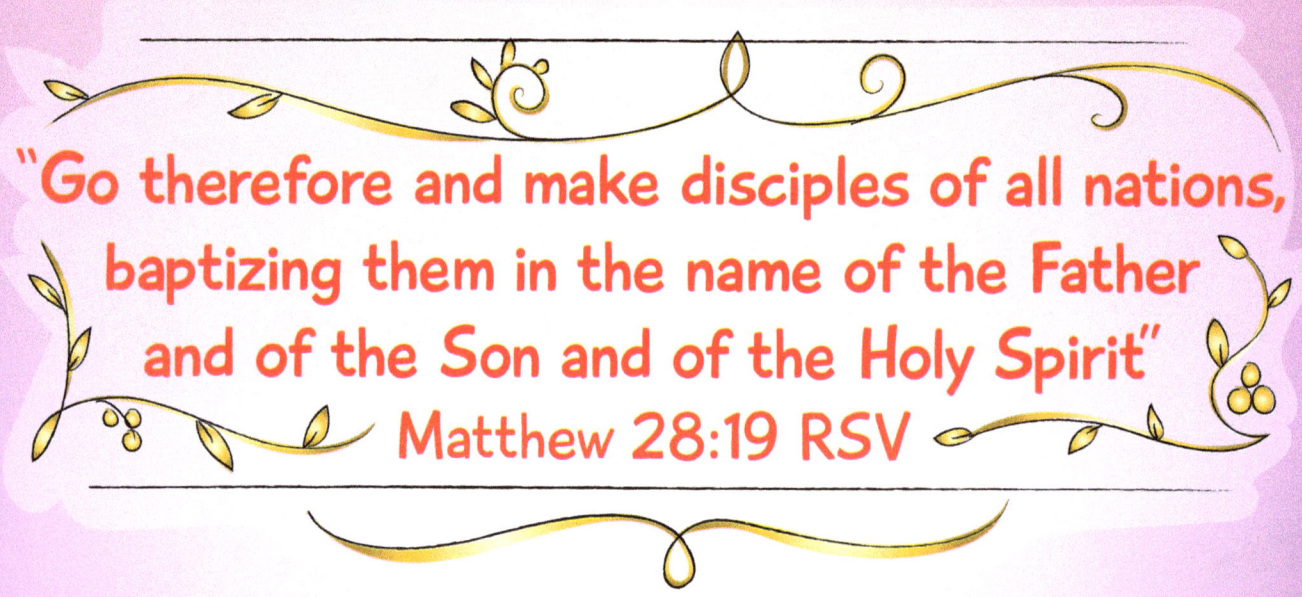

"Go therefore and make disciples of all nations, baptizing them in the name of the Father and of the Son and of the Holy Spirit"
Matthew 28:19 RSV

In this verse, there is one name and three persons included in that name. Just like there is one God and three persons included in God.

Bible Verses Used

Page	Bible Verse Used	Page	Bible Verse Used
7	I John 4:8	20	Mark 1:10&11
8	Psalms 113:4&5, Isaiah 40: 25&26	24	Ephesians 4:14
9	Psalms 119:129&130, Proverbs 2:2-6, Proverbs 3:13	25	John 1:1, 8:58, 17:5, Philippians 2:6
10	Genesis 1:1, John 3:16	26	John 17:24&25, Philippians 2:7&8, Hebrews 2:14
11	Deuteronomy 6:4, John 1:1, John 5:18, Philippians 2:5&6	27	Isaiah 7:14, John 1:14
12	John 10:38	28	Romans 6:4, 2 Corinthians 5:21, Galatians 2:19, Hebrews 12:2
13	Colossians 1:15, 2:9	29	Galatians 3:13&14, 4:6
16	Isaiah 40:18, John 6:38	30	John 14:20, Romans 8:9, Ephesians 2:22, 3:16&17
17	Romans 1:20		
18	John 8:42, 15:26	31	John 8:31, 14:26, Colossians 1:9
19	Matthew 28:19	32	Ephesians 1:9, 3:4, 9, 16&17

To *contemplate* something; means that you read it slowly and really think about it at the same time you are praying or talking, about it, with God.

Other Books By Mike

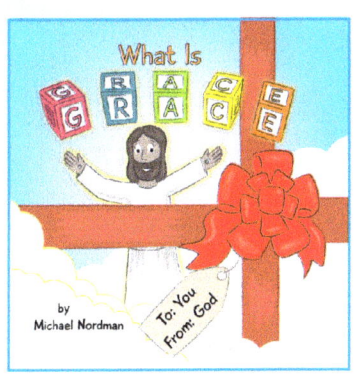 What Is Grace

 What Are the Unsearchable Riches of Christ

www.ingramcontent.com/pod-product-compliance
Lightning Source LLC
Chambersburg PA
CBHW061155010526
44118CB00027B/2986

COLECCIÓN LXS REVOLUCIONARIXS

Llegan los antihéroes para seguir poniendo patas para arriba la historia tal como nos la contaron. Estos son hombres reales (como nuestras mujeres, las antiprincesas) que hicieron cosas fuera de lo común. Y hablando de ellas, una gran revolucionaria, la escritora Gioconda Belli, nos regaló unas palabras sobre el primero de la colección, el Cronopio mayor:

> **J**ulio Cortázar se bajó del cielo en una escalera. Tenía alas muy grandes pero las ocultaba porque era tímido y no le gustaba llamar la atención. Sin embargo era tan alto que no podía evitarlo y además, para colmo, no podía parar de crecer en estatura. Las palabras de Julio eran como esos juegos de colores que iluminan el cielo. Uno lo lee y ve cosas dentro de la mente que jamás había visto. Por eso y porque es muy ingenioso y poético y el santo de todos los cronopios que bailan tala y bailan catala, hay que leer a Julio. Se lee y luego se le quiere. Es así de inevitable.
>
> **Gioconda Belli**

ISBN 978-0-9973280-4-2
LCCN: 2019949606
© Octubre 2019
La presente edición ha sido realizada por convenio con Editorial Chirimbote para Books del Sur (USA).
Queda hecho el depósito que marca la Ley 11.723 (Argentina)
Impreso en USA

Julio Cortázar para niñxs
Por Nadia Fink.
Ilustraciones: Pitu Saá.
Diseño: Martín Azcurra

twitter@booksdelsur
facebook / booksdelsur
pinterest / bdelsur
instagram / booksdelsur
www.booksdelsur.org
info@booksdelsur.org

Cortázar era un chico de **ojos grandes**, como si fueran ventanas a otro universo… Quizás por eso se llevaba tan bien con los **gatos** (que, parece ser, abren puertas a otros mundos). De grande tuvo dos gatos, Teodoro y Franelle, que cuidó hasta el final de sus días…

¿Cómo es eso de que los gatos se comunican con otros mundos? Así parece… En su libro **Un tal Lucas**, Cortázar insiste en decirle a la humanidad que los gatos son **teléfonos**, que son "una llamada" desde otro mundo, que nos quieren contar sobre cosas que aún no conocemos…

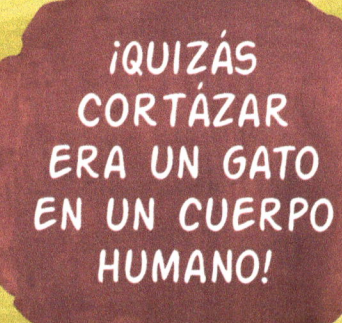

¡QUIZÁS CORTÁZAR ERA UN GATO EN UN CUERPO HUMANO!

¡Es cierto! Sus libros siempre tuvieron la intención de transportarnos a otra dimensión. ¿Por qué? Porque no escribió grandes fantasías de tierras lejanas como *Harry Potter* o *Star Wars* (que también son muy entretenidas), sino que encontró fantasías pequeñas en los hechos reales, esos de todos los días, como lavarse la cara, jugar a las estatuas, caminar por una calle o cenar con la familia.

"Descubrí bruscamente que los gatos son teléfonos. Así nomás, como siempre las cosas geniales. Desde luego, un descubrimiento parecido suscita una cierta sorpresa, puesto que nadie está habituado a que los teléfonos vayan y vengan y sobre todo que beban leche y adoren el pescado".

(Cómo se pasa al lado, 1979)

Hijo de argentinos, Julio nació el 26 de agosto de 1914 en **Bélgica** a causa de un viaje de trabajo de su padre. Pero la familia no pudo volver enseguida porque ese país entró en guerra. Recién a los cuatro años llegó a la **Argentina** y vivió hasta los 37, cuando se fue a **Francia**. Primero se fue solito para allá, y luego no podía regresar porque en la Argentina había una **Dictadura**.

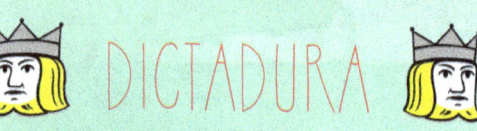

DICTADURA

Cuando un gobierno no escucha al pueblo, da órdenes sin respetar las leyes y persigue a quienes no piensan como él.

De chico vivió en **Banfield**, un barrio del sur de la provincia de Buenos Aires repleto de árboles, pájaros, sapos, insectos y gatos. Cuando su papá se fue y abandonó a Julio, su mamá y su hermana, una enfermedad respiratoria (**asma**, así se llama) le obligó a pasar mucho tiempo encerrado en su casa. Por eso leía muchos libros y su imaginación era cada vez más grande. Pero un día, el médico le dijo a su mamá: "¡Basta de tantos libros! Que Julito salga a jugar, tome sol, sienta el viento en la cara!".

¿Y ENTONCES NO LEYÓ MÁS?

Por suerte, la mamá se dio cuenta de que además de todo eso, a su hijo le encantaba leer. Entonces le dijo que un poquito y un poquito y Cortázar siguió corriendo con sus amigos en las veredas y soñando con sus amigos de hojas, **los libros**. Por eso escribió desde muy pequeño y nos dejó esos libros llenos de **fantasía**.

¿Como cuáles?
Tiremos la piedrita a ver a dónde nos lleva la Rayuela...

"... jugando al fútbol en plena siesta o bajo la luz del farol de la esquina mirando cómo los sapos y los escuerzos hacían rueda para comerse a los insectos borrachos de dar vueltas en torno a la luz amarilla. El olor del verano en el aire caliente de las tardes y las noches... ... en las caras sudadas después de ganar o perder o pelearse o correr... ... de reírse y a veces de llorar pero siempre juntos, siempre libres, dueños de su mundo de barriletes y pelotas y esquinas y veredas".

(Deshoras, 1982)

BICHERÍO

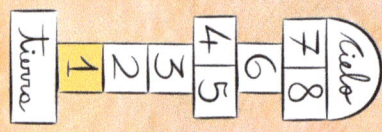

A los saltitos llegamos a los bichos cortazarianos: sus bestias, que casi nunca se comportan como lo que deberían ser y juegan a ser otras cosas... Sin ir más lejos, el cuento **"Los Reyes"** (1949) tiene a un ser de la **Mitología** como protagonista: el **Minotauro** (mitad hombre y mitad toro) que en lugar de ser el malo de la película... ¡perdón, del libro! es un poeta encerrado en un laberinto. Y el hombre que viene a matar a semejante bestia (Teseo) es al final un señor tan aburrido que quiere acabar con la felicidad del Minotauro.

MINOTAURO

MITOLOGÍA

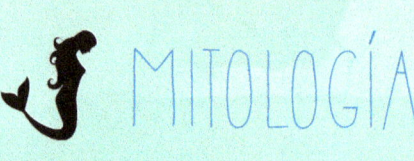

Son un montón de creencias (mitos) que forman parte de una cultura. El Minotauro pertenece a la mitología griega antigua. Cada cultura tiene sus propios seres mitológicos. Por ejemplo, los chinos tienen a los dragones. Otros famosos son las sirenas, los unicornios... ¡y los superhéroes!

Y casi tres años después apareció su primer libro de cuentos: **Bestiario** (1951), que significa algo así como un muestrario de bestias. Pero esos bichitos y esos animales aparecen en situaciones muuuy raras...

En ese libro hay un cuento que se llama **"Carta a una señorita en París"**, donde un señor empieza a vomitar **conejitos**, sin saber por qué. Y así, como si tal cosa, dice que cuando suben por la garganta le hacen cosquillas, hasta que salen por la boca limpitos y con las orejitas paradas:

"El conejito parece contento, es un conejito normal y perfecto, sólo que muy pequeño, pequeño como un conejito de chocolate pero blanco y enteramente un conejito".

En 1951, cuando apareció *Bestiario*, Julio vivía en **Agronomía**, en el norte de la ciudad de Buenos Aires. Un barrio que lleva ese nombre porque está la enorme Universidad donde estudian a los animales y las plantas. En esa época trabajaba como maestro mientras escribía sus relatos sobre bichos.

¿O SEA QUE EL BARRIO LE SIRVIÓ PARA ESCRIBIR ESOS CUENTOS?

Es posible. En Agronomía, donde el cielo es más despejado que en otras partes de la ciudad, puede escucharse el aleteo de los gorriones, los zorzales cantan cada vez que sale el sol, los perros andan por la calle porque no pasan muchos autos y los gatos se echan en las veredas a tomar sol. Los bichos respiran más fuerte en esa zona de la ciudad y la cabeza de Julio estaba muy despejada para poder adentrarse en los mundos mágicos de sus cuentos.

Un primo que compartió muchos días con él, y que tenía unos diez años en esa época, recuerda que "Julio jugaba a bautizar las cosas con otros nombres, inclusive a la familia, cariñosamente, en la charla cotidiana. E inventaba personajes, que luego aparecerían en sus cuentos, como las mancuspias".

¡QUÉ BICHO FEO! LOS GATOS SON MÁS LINDOS...

En el cuento **"Cefalea"** (1951), un grupo de granjeros cría unas alimañas que se llamaban así, "mancuspias", para después venderlas.
En estos casos, Cortázar se toma el trabajo de describirlas minuciosamente, como si fueran bichos muy reales.

MANCUSPIA

"Las mayores están mudando el pelaje del lomo, de manera que es preciso ponerlas aparte, atarles una manta de abrigo y cuidar que no se junten de noche con las mancuspias que duermen en jaulas y reciben alimento cada ocho horas (...). A las mancuspias madres no les agrada el baño, hay que tomarlas con cuidado de las orejas y las patas, sujetándolas como conejos, y sumergirlas muchas veces en la batea".

Pero entonces, vaya a saber dónde, Julio conoció a otros animalitos, un poco raros pero reales... y hay un cuento que lleva el nombre de uno de esos: **"Axolotl"** (¿Puede-s decirlo sin que se te trabe la lengua?), un bichito hermoso con viboritas en la cabeza, manitas largas y que siempre está sonriendo... En ese cuento dice:

> "Hubo un tiempo en que yo pensaba mucho en los axolotl. Iba a verlos al acuario del Jardín des Plantes y me quedaba horas mirándolos, observando su inmovilidad, sus oscuros movimientos. Ahora soy un axolotl". (Axolotl, 1956)

¡¿SE TRASNFORMÓ EN UN AXOLOTL?!

Parece ser que sí, que ese hombre lo miraba tan fijo pero tan fijo que el axolotl lo hipnotizó y con su sonrisa de buenito y sus largas horas de quedarse quieto, lo terminó convirtiendo en uno de ellos. Lo que no sabemos (porque el cuento no lo dice) es si el axolotl que lo hipnotizó se quedó en la pecera o se transformó en el hombre y salió caminando por la puerta del museo.

AXOLOTL

CRONOPIOS

A hora la piedrita cayó en Cronopios, porque quizás la travesura más grande de Cortázar fue crear un mundo de seres imaginarios. Y entre los más recordados están los Cronopios, Famas y Esperanzas.

¿Y ESOS QUIÉNES SON?

¡Difícil explicarlos! En el libro que tiene ese nombre, **Historias de Cronopios y de Famas** (porque las Esperanzas son tan aburridas que siempre se quedan mirando lo que otras y otros hacen), hay varios cuentos que los incluyen.

Los Famas son seres ordenados, prolijos, que todo lo calculan para que nada esté fuera de lugar y que se enojan cuando las cosas no le salen.

En cambio, los Cronopios son seres desordenados, alegres, juguetones que pueden reír a carcajadas, cantar y bailar en el medio de la calle o llorar a mares cuando se les terminan los sánguches de queso, sus preferidos.

Dicen por ahí que son fábulas sin moralejas, pero también por algo al mismo Cortázar se lo llamaba "el gran Cronopio".

A ver a ver, un ejemplo de estas invenciones...

"Ahora pasa que las tortugas son grandes admiradoras de la velocidad, como es natural. Las esperanzas lo saben, y no se preocupan. Los famas lo saben, y se burlan. Los cronopios lo saben, y cada vez que encuentran una tortuga, sacan la caja de tizas de colores y sobre la redonda pizarra de la tortuga dibujan una golondrina".

(Cronopios y Tortugas)

"Si a los niños los dejasen solos con sus juegos, sin forzarlos, harían maravillas. Usted vio cómo empiezan a dibujar y a pintar; después los obligan a dibujar la manzana y el ranchito con el árbol y se acabó el pibe".

(Cortázar)

(Los cronopios de ahora usan pintura en aerosol y hacen graffitis de sus mejores frases)

EL OSO

Y de los seres imaginarios y raros pasamos a uno que conocemos todas y todos: el oso. Pero no es un oso cualquiera. El cuento **"El discurso del oso"** fue escrito en 1952 como un cuento infantil de verdad (los otros no fueron pensados para una edad definida). Y diez años después formó parte del librito de los cronopios. **¿Qué contó Julio?** Que los ruidos de los caños que retumban en las paredes no son del agua que corre ni de la basura que se atora. Es el **oso de los caños**… el oso blandito que los mantiene limpios y hace travesuras:

¿POR DÓNDE ANDARÁ ESE OSO?

"Soy el oso de los caños de la casa, subo por los caños en las horas de silencio, los tubos de agua caliente, de la calefacción, del aire fresco, voy por los tubos de departamento en departamento y soy el oso que va por los caños. Creo que me estiman porque mi pelo mantiene limpios los conductos, incesantemente corro por los tubos y nada me gusta más que pasar de piso en piso resbalando por los caños. A veces saco una pata por la canilla y la muchacha del tercero grita que se ha quemado, o gruño a la altura del horno del segundo y la cocinera Guillermina se queja de que el aire tira mal. De noche ando callado y es cuando más ligero ando, me asomo al techo por la chimenea para ver si la luna baila arriba, y me dejo resbalar como el viento hasta las calderas del sótano. Y en verano nado de noche en la cisterna picoteada de estrellas, me lavo la cara primero con una mano, después con la otra, después con las dos juntas, y eso me produce una grandísima alegría".

RAYUELA

No podíamos llegar a otro lado a los saltitos... Cortázar escribió **Rayuela** en 1963 y ya hacía muchos años que vivía en París (Francia). Por eso la novela está llena de viajes reales. Y desde el principio del libro propone dos maneras distintas de leerlo:

1 La forma tradicional.

2 ¡Como un juego de Rayuela! Se empieza por el capítulo 73 y se toma un camino divertido, saltando de capítulo en capítulo, de atrás para adelante y de adelante para atrás.

Y es en esa novelota donde aparece **La Maga**, una mujer casi mágica (como lo dice el nombre), libre, auténtica, que enamora y perturba al protagonista, llamado Oliveira, a lo largo de todo el libro...

¡COMO LOS CRONOPIOS! QUE ANDABAN SUELTOS POR LA VIDA...

"Preferíamos encontrarnos en el puente, en la terraza de un café, en un cine-club o agachados junto a un gato en cualquier patio del barrio latino. Andábamos sin buscarnos pero sabiendo que andábamos para encontrarnos. Oh Maga, en cada mujer parecida a vos se agolpaba como un silencio ensordecedor, una pausa filosa y cristalina que acababa por derrumbarse tristemente, como un paraguas mojado que se cierra".

LA MAGA

"La rayuela se juega con una piedrita que hay que empujar con la punta del zapato. Ingredientes: una acera, una piedrita, un zapato, y un bello dibujo con tiza, preferentemente de colores…"

En lo alto está el Cielo, abajo está la Tierra, es muy difícil llegar con la piedrita al Cielo, casi siempre se calcula mal y la piedra sale del dibujo…"

PUEBLOS LIBRES

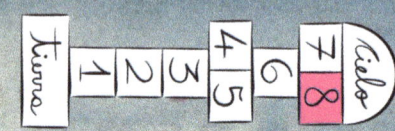

A medida que crecía, Cortázar se fue acercando cada vez más a las injusticias del mundo. Entonces en 1963 viajó por primera vez a **Cuba**, un país chiquito, una isla, que se había declarado libre. Y entendió que la "política" no es una mala palabra si está cerca de la gente común. Luego admiró al **Che Guevara**, un argentino que participó en la liberación de Cuba, a quien dedicó un poema tras su muerte en 1967: "Yo tuve un hermano/ que iba por los montes/ mientras yo dormía./ Lo quise a mi modo,/ le tomé su voz/ libre como el agua,/caminé de a ratos/ cerca de su sombra".

CHE GUEVARA

Y entonces después también se acercó a otro país, **Nicaragua**, que había vivido otra revolución y que se llenaba de ideas libres y de alegría. Por esos años hizo una novela bien distinta, **Libro de Manuel**, donde un grupo de amigos y amigas decide armar un álbum de recortes de noticias para que pueda leer Manuel, el bebé de una de las parejas. Entonces el libro es una mezcla de narración con notas periodísticas, poemas, y demás cosas. Una novela para leer, también, a los saltitos.

> ¡ESTE CORTÁZAR! SE LE OCURRIÓ VIAJAR POR TODO EL MUNDO Y HACER COSAS PARA MUCHAS Y MUCHOS MÁS...

FINAL DEL JUEGO

En el juego de la Rayuela, el final es el **cielo** (prueben a dibujarla en el piso y a saltar con un pie, con dos pies), ese semicírculo lejano al que hay que llegar a los saltitos. Julio también tuvo un final, cuando murió en 1984, ya bastante grande. Pero hubo antes un tiempo para la alegría, para un último juego del gran cronopio que, al parecer, no quería dejar de ser chico...

Y entonces, con **Carol Dunlop**, su última esposa y gran compañera, se propusieron en 1982 un juego de grandes: recorrer durante treinta y dos días una **autopista**, detenerse cada día en dos de los 65 parajes de la autopista y explorar "científicamente" cada vez que lo hacían.

Así nació el libro **Los autonautas de la cosmopista**, escrito "a cuatro manos" por Carol y Julio.

Un tiempo después ella murió y su gato también... Entonces Cortázar decidió irse con ella y con él.

Pero parece que los escritores se mueren un poco menos que el resto de la gente porque siempre pero siempre se los vuelve a encontrar, cada vez que tengamos ganas, en las palabras que dejaron. Y *shhh*, cuidado, que capaz algún gato teléfono nos cuente secretos que Julio nos manda desde otro mundo, o algún bicho se nos aparezca para hipnotizarnos o hacernos reír hasta que nos duela la panza.

ACTIVIDADES: Instrucciones

Cortázar incluyó en su libro **Historia de Cronopios y de Famas** un manual de instrucciones, entre las que se encuentran una para subir una escalera y otra para llorar (ver recuadritos). Por lo general, se trata de actividades que realizamos todos los días y que ni pensamos cómo se hacen porque ya las sabemos de memoria. **¿Te animas a escribir tus propias instrucciones cotidianas?**

Te proponemos algunas:

- ✔ **Instrucciones para** lavarse los dientes
- ✔ **Instrucciones para** pasear al perro
- ✔ **Instrucciones para** tomar la merienda

¿Qué otras se te ocurren?
- ✖ ....
- ✖ ....
- ✖ ....

Instrucciones para subir una escalera

"Las escaleras se suben de frente, pues hacia atrás o de costado resultan particularmente incómodas. La actitud natural consiste en mantenerse de pie, los brazos colgando sin esfuerzo, la cabeza erguida aunque no tanto que los ojos dejen de ver los peldaños inmediatamente superiores al que se pisa, y respirando lenta y regularmente".

Instrucciones para llorar

"Llegado el llanto, se tapará con decoro el rostro usando ambas manos con la palma hacia dentro. Los niños llorarán con la manga del saco contra la cara, y de preferencia en un rincón del cuarto. Duración media del llanto, tres minutos".

Bichos y bichas

JUEGOS con amigos

Ya vimos que a Cortázar le gustaba mucho crear bichos y bestias de todo tipo. Vimos también lo difícil que fue para Pitu, el dibujante, ilustrar estos seres según la descripción de Cortázar... ¡Pero también nos contó que fue súper divertido! Entonces... **¡manos a la obra!** A buscar lápices, crayones, témperas, fibras y a crear nuestros propios personajes:

¿Cómo te imaginas a los **cronopios**, los **famas** y las **esperanzas**?

¿Cómo será tu **Casoar**?
¿Y tu **Mancuspia**?
¿De qué colores es tu **Axolotl**?

Pero vayamos un poquito más lejos con la imaginación... ¿inventamos un personaje? ¿Cómo se llama? ¿Qué hace en sus días? ¿Es tristón, alegre, enojona, cantarín, aburrido o aburrida?

¿Te animas a describirlo en un papel y pasárselo a tu compañero o compañera para que lo dibuje? ¿A ver cómo sale?

Y a los saltitos llegamos al final de esta historia (¿habrá que volver a empezar?). Durante el recorrido, la **Rayuela** estuvo presente... ¿Conoces ese juego? Tus padres, madres, abuelas y abuelos seguro que sí...

¿Pintamos una Rayuela en el piso y la jugamos? ¿Cuántas formas puede tener? ¿Qué dificultades le podemos sumar? ¿Y una Rayuela colectiva, para jugar de a muchas y muchos, cómo sería?

ATRAVESANDO MUNDOS

Así es, Cortázar creó un pasaje entre el sueño y la realidad, por eso alguna vez dijo: *"Pero lo malo del sueño no es el sueño. Lo malo es eso que llaman despertarse"*. Y para soñar despiertos, lo mejor es leer historias que no tengan reglas de ningún tipo, como su libro **La otra orilla**, que fue escrito antes que todos (1937-1945), pero publicado después de su muerte.

Allí hay un cuento que se llama **"Los limpiadores de estrellas"** y te invitamos a leer una parte:

"Se formó una Sociedad con el nombre de LOS LIMPIADORES DE ESTRELLAS.
Era suficiente llamar al teléfono 50-4765 para que de inmediato salieran las brigadas de limpieza, provistas de todos los implementos necesarios y muñidas de órdenes efectivas que se apresuraban a llevar a la práctica; tal era, al menos, el lenguaje que empleaba la propaganda de la Sociedad.

En esta forma, bien pronto las estrellas del cielo readquirieron el brillo que el tiempo, los estudios históricos y el humo de los aviones habían empañado."

www.ingramcontent.com/pod-product-compliance
Lightning Source LLC
Chambersburg PA
CBHW061156010526
44118CB00027B/2991